COMITÉ JURIDIQUE INTERNATIONAL
DE L'AVIATION
(C. J. I. A.)

SIÈGE DU COMITÉ :

95, Rue des Petits-Champs, 95 - PARIS

Quatrième

Congrès International
DE MONACO

❋ ❋ ❋

❋ 19-22 Décembre 1921 ❋

COMITÉ JURIDIQUE INTERNATIONAL

DE L'AVIATION

(C. J. I. A.)

SIÈGE DU COMITÉ :

95, Rue des Petits-Champs, 95 – PARIS

Quatrième

Congrès International

DE MONACO

✳ ✳ ✳

✳ 19-22 Décembre 1921 ✳

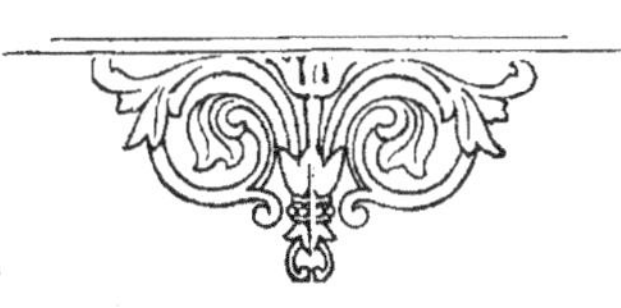

COMITÉ JURIDIQUE INTERNATIONAL
DE L'AVIATION

Président d'Honneur :

M. MILLERAND

PRÉSIDENT DE LA RÉPUBLIQUE FRANÇAISE

COMITÉ DIRECTEUR :

MM.

BUSSON-BILLAULT, Sénateur, ancien Bâtonnier, *Président du Comité.*

DELAYEN, Avocat à la Cour de Paris, *Vice-Président, Délégué International.*

PEROWNE, Solicitor à Londres, *Vice-Président du Comité.*

TALAMON, Avocat aux Conseils, *Vice-Président.*

DE LAPRADELLE, Professeur à la Faculté de Paris, *Rapporteur Général.*

BOCCON-GIBOD, Avoué au Tribunal de la Seine, *Trésorier.*

GODMARD, Avocat à la Cour de Paris, *Secrétaire.*

HOMBURG, Avocat à la Cour de Paris, *Secrétaire-Délégué International adjoint.*

Henri **ALLART**, Avocat à la Cour de Paris.

ANDERSEN, Avocat à Copenhague.

ARRIGHI, Avocat à la Cour de Paris.

Léon **BARTHOU**, Maître des Requêtes au Conseil d'État honoraire.

BEACH, Avocat à la Cour suprême des États-Unis.

BONDOUX, Conseiller à la Cour d'Appel de Paris.

BROUARD, Avocat au Caire.

BRUNET, ancien Bâtonnier du Barreau de Bruxelles, Président de la Chambre des Représentants.

A. **CARPENTIER**, Avocat à la Cour de Paris, Professeur à la Faculté de Droit de Paris.

W.-C.-A. **COLLARD**, du Ministère de la Justice, à la Haye.

DELCASSÉ, Avocat à Buenos-Ayres.

MM.

A. **FESSY-MOYSE**, Avocat à Rio-de-Janeiro.

A. **FAUCHILLE**, Avocat du Barreau de Lille.

Paul **FAUCHILLE**, de l'Institut de Droit International.

GIBSON, Avocat à Québec.

GONDINET, Avocat à la Cour de Paris.

HENRY-COUANNIER, Professeur à l'École d'Aéronautique de Paris.

JULLIOT, Docteur en Droit.

LANGGARD DE MENEZES, Avocat à Rio-de-Janeiro.

LE BOUCHER, Notaire à Monaco.

MAHOT DE LA QUÉRANTONNAIS, Notaire à Paris.

MARGUERIE, Vice-Président Honoraire du Conseil d'État.

DE MEURON, Avocat à Lausanne.

NICOLAI, Avocat à la Cour de Bordeaux.

DE PALENCIA, Avocat à Madrid.

PITTARD, Avocat et Professeur à Genève.

FR. **POLLOCK**, Avocat à Londres.

G.-C. **ROTHWOS**, Avocat du Conseil d'État de Madrid.

RAMBAUD, Avocat Général à la Cour de Cassation.

Raoul **ROUSSET**, ancien Bâtonnier du Barreau de Paris.

SCIALOJA, ancien Ministre de la Justice à Rome.

J. **BROWN SCOTT**, Jurisconsulte du Ministère des Affaires Étrangères à Washington.

SEYROL, Avoué à la Cour de Lyon.

Commission d'Organisation

DU CONGRÈS DE MONACO

✳ 19-22 Décembre 1921 ✳

Président :

M. Henri LAGOUELLE

CONSEILLER D'ÉTAT DE LA PRINCIPAUTÉ DE MONACO

Vice-Président :

M. PITTARD

AVOCAT ET PROFESSEUR A GENÈVE

Rapporteur :

M. G. DE LAPRADELLE

PROFESSEUR A LA FACULTÉ DE PARIS

Secrétaire général :

Mᵉ DELAYEN

AVOCAT A LA COUR DE PARIS
DÉLÉGUÉ INTERNATIONAL

Trésorier :

Mᶜ BOCCON-GIBOD

AVOUÉ AU TRIBUNAL DE LA SEINE

Rédacteur :

M. HENRY-COUANNIER

PROFESSEUR A L'ÉCOLE D'AÉRONAUTIQUE DE PARIS

Secrétaire :

Mᵉ R. HOMBURG

AVOCAT A LA COUR DE PARIS
DÉLÉGUÉ INTERNATIONAL ADJOINT

Troisième Congrès

du

Comité Juridique International de l'Aviation

Monsieur et cher Collègue,

A la veille de réunir à Monaco, le 19 décembre prochain, le quatrième Congrès international du Comité Juridique International de l'Aviation, le Comité Directeur a pensé qu'il pouvait être intéressant pour les membres de ce Congrès de connaître la situation actuelle de notre groupement.

Il vous souvient certainement de l'idée qui a présidé à sa constitution.

Comme l'exposait votre Délégué international dans le premier numéro de notre Revue, notre but était de réunir dans le monde entier des compétences et des autorités se donnant la double mission de jeter les bases d'un Code de l'Air et, d'autre part, d'offrir un appui et un secours juridiques à tous ceux qui allaient se livrer à la locomotion nouvelle ou qui déjà s'y intéressaient.

Cependant, le Comité entendait conserver une absolue indépendance : mais s'il prétendait n'être inféodé à aucun, il demeurait dévoué à tous, dévoué surtout à l'essor admirable de l'aviation, c'est-à-dire aux champions impavides de la locomotion nouvelle. C'était le principe même de ses fondateurs, ce fut la préoccupation de notre rapporteur général, M. l'Avocat Général Rambaud, aujourd'hui Conseiller à la Cour de Cassation, lors de l'élaboration de notre plan du Code international de l'Air, ce fut la constatation de M. Millerand, dans son discours d'ouverture de notre premier Congrès de Paris, c'est encore notre souci constant.

Mais avoir en même temps le désir de fixer des règles qui sauvegardent les droits de tous, c'est songer encore à l'essor et au succès de la navigation aérienne, c'est se préoccuper de la défense de son avenir.

Aujourd'hui, après cinq ans de guerre et devant les enseignements pratiques qu'elle nous a donnés, nous pouvons redire ce que nous disions déjà à l'ouverture du Congrès de Genève : notre œuvre est là et dix ans maintenant d'un *labor improbus* répondent du but incontestable de nos efforts continus.

Réellement et largement international, notre Comité a repris ses travaux en octobre 1919. Nos Comités de doctrine français et extérieurs vont reprendre leur vitalité et leurs activité d'autrefois. Le Congrès de Monaco en préparation va sanctionner les résultats acquis et préparer l'étude de toutes les nouvelles questions nées de la guerre et de l'essor ininterrompu de l'aviation moderne, industrialisée et commercialisée.

Le plan du Code de l'Air tel qu'il demeure établi par notre Comité n'est point absolu; mais il reste assez largement et solidement construit, pour qu'en suivant la disposition de ses chapitres, ceux qui se sont attachés à sa rédaction suivent en même temps l'ordre des nécessités de la législation aérienne nouvelle.

Trente et un articles ont été jusqu'ici votés par les trois Congrès internationaux du Comité tenus à Paris, à Genève et à Francfort; par suite des modifications qu'a pu apporter la guerre au droit aérien, ces articles seront soumis à nouveau à la ratification du prochain Congrès de Monaco.

Cinq nouveaux articles, préparés par les Comités de doctrine et votés par le Comité directeur, épuisant les questions du droit public aérien et du droit privé aérien au point de vue civil, seront à discuter et à proposer au vote du Congrès.

Et la préparation du Titre II du Livre II, comprenant les questions de droit privé aérien au point de vue commercial (brevets, Sociétés, nantissement et assurances aériennes internationales) aura enfin à être envisagée. Le Congrès enregistrera les vœux et les propositions qui lui seront apportés par les différents membres.

Telle sera la tâche du prochain Congrès.

Son importance ne peut échapper à aucun.

Aussi, aujourd'hui, notre Comité a-t-il conquis sa place dans le monde aéronautique et juridique; ses efforts désintéressés commencent à s'imposer et les encouragements reçus de toutes parts lui font un devoir de continuer sa tâche en collaboration de ceux qui l'ont aidé jusqu'ici de leur science et de leur dévouement désintéressé.

Le Comité Juridique International de l'Aviation n'y faillira pas.

LE COMITÉ D'ORGANISATION.

- Le Code de l'Air -

TANT AU POINT DE VUE NATIONAL QU'INTERNATIONAL

Code International de l'Air

A la suite des trois premiers Congrès du Comité juridique international de l'Aviation, Paris 1911, Genève 1912, Francfort 1913, le premier livre du Code international s'établit comme suit :

LIVRE PREMIER

DROIT PUBLIC AÉRIEN

CHAPITRE PREMIER. — **Principes généraux de la circulation aérienne.**

ARTICLE PREMIER. — La circulation aérienne est libre, sauf le droit pour les États sous-jacents de prendre certaines mesures, à déterminer en vue de leur propre sécurité et de celle des personnes et des biens de leurs habitants.

ART. 2. — Il est interdit de passer au-dessus des ouvrages fortifiés, dans les bassins militaires et les arsenaux, ainsi qu'aux alentours dans le rayon déterminé par l'autorité militaire.

ART. 3. — Il appartient aux autorités administratives et de police de réglementer et d'interdire, s'il y a lieu, la circulation aérienne au-dessus des agglomérations.

CHAPITRE II. — **De la nationalité et de l'immatriculation des aéronefs.**

ART. 4. — Tout aéronef doit avoir une nationalité et une seule.

ART. 5. — La nationalité de l'aéronef est celle de son propriétaire. Si l'aéronef appartient à une Société, la nationalité sera déterminée par celle du siège social de la Société.

En cas de nationalité différente des copropriétaires de l'aéronef, la nationalité sera celle des copropriétaires qui possèdent les deux tiers de la valeur de l'aéronef.

ART. 6. — Tout aéronef devra porter une marque distinctive de sa nationalité.

ART. 7. — Tout aéronef devra emporter avec lui un document signalétique contenant toutes les indications propres à l'individualiser.

ART. 8. — Tout propriétaire d'un aéronef devra avant de le mettre en circulation hors des aérodromes privés, avoir obtenu de l'autorité publique l'inscription de cet aéronef sur un registre d'immatriculation tenu par l'autorité compétente. Chaque État réglementera l'immatriculation des aéronefs dans les limites de son territoire.

Art. 9. — Tout aéronef devra porter une marque distinctive indiquant le lieu de son immatriculation.

Art. 10. — Les listes d'immatriculation seront publiées.

Chapitre III. — **De l'atterrissage et de l'afflottage.**

Art. 11. — Les aéronefs peuvent atterrir sur les propriétés non closes. Ils peuvent également se poser et naviguer sur toutes eaux.

Art. 12. — Sauf le cas de force majeure, cette faculté leur est interdite :

1° A l'intérieur des propriétés closes.

2° Dans l'intérieur des agglomérations, ports et rades, hormis les espaces réservés à cet effet.

3° Dans les chenals navigables où la difficulté du passage nécessitera cette interdiction, laquelle devra être expressément formulée par l'autorité compétente.

Art. 13. — Tout aéronef qui s'engage au-dessus d'une zone interdite est tenu de se poser au premier signal des autorités compétentes et s'il ne peut le faire immédiatement, dès que l'atterrissage ou l'afflottage est possible.

Chapitre IV. — **Du jet.**

Art. 14. — Le jet consiste en toute projection volontaire d'objets, corps ou matières de toute nature.

Art. 15. — Sauf le cas de péril imminent, le jet de toutes choses de nature à nuire, soit aux personnes, soit aux biens, est interdit.

Art. 16. — En tout cas le préjudice causé donne lieu à réparation.

Chapitre V. — **Des épaves.**

Art. 17. — Celui qui trouve tout ou partie d'un aéronef désemparé et abandonné doit en faire la déclaration à l'autorité compétente.

Art. 18. — L'autorité compétente dûment avisée, prendra d'urgence les mesures nécessaires pour assurer la conservation de l'épave et la découverte du propriétaire.

Art. 10. — Le propriétaire de l'épave peut la réclamer auprès de l'autorité qui en a la garde dans le délai d'un an dès la découverte, en payant les frais de conservation.

Il devra en outre payer à l'inventeur une prime de découverte calculée à raison de 10 o/o sur la valeur, au jour de la restitution, déduction faite des frais.

Chapitre VI. — **De la législation applicable et de la juridiction compétente en matière de locomotion aérienne.**

Art. 20. — L'aéronef qui se trouve au-dessus de la pleine mer ou d'un territoire qui ne dépend de la souveraineté d'aucun État, est soumis à la législation et à la juridiction du pays dont il a la nationalité.

Art. 21. — Lorsqu'un aéronef se trouve au-dessus du territoire d'un État étranger, les actes accomplis et les faits survenus à bord et qui seraient de nature à compromettre la sécurité ou l'ordre public de l'État sous-jacent sont régis par la législation de l'État territorial et jugés par ses tribunaux.

Art. 22. — La réparation des dommages causés aux personnes et aux biens sur le territoire de l'État sous-jacent est régie par la loi de cet État; l'action en réparation peut être exercée soit devant les tribunaux de cet État, soit devant les tribunaux de l'État dont l'aéronef a la nationalité.

Art. 23. — Les actes accomplis et les faits survenus dans l'espace à bord de l'aéronef et qui n'intéresseraient pas la sécurité ou l'ordre public de l'État sous-jacent, restent soumis à la législation et à la juridiction du pays dont l'aéronef a la nationalité.

Art. 24. — En cas de naissance et de décès à bord pendant un voyage aérien, le pilote en dressera acte sur le livre de bord. Dans la première localité où l'aéronef atterrira, le pilote sera tenu de déposer copie de l'acte qu'il aura dressé. Le dépôt sera fait, savoir : si la localité fait partie du territoire dont l'aéronef a la nationalité, à l'autorité publique compétente; si la localité est située en territoire étranger, entre les mains du consul dont l'aéronef a la nationalité. Au cas où il ne se trouverait pas de consul dans cette localité, la copie de l'acte sera transmise par le pilote sous pli recommandé à l'autorité consulaire ou à l'autorité compétente dont l'aéronef a la nationalité.

LIVRE II

DROIT PRIVÉ AÉRIEN

Titre premier. — AU POINT DE VUE CIVIL

Chapitre premier. — De la propriété du dessus.

Art. 25. — Nul ne peut, à raison d'un droit de propriété, s'opposer au passage d'un aéronef dans des conditions qui ne présentent pour lui aucun inconvénient appréciable.

Art. 26. — Tout abus du droit de passage donne ouverture contre son auteur responsable à une action en dommages-intérêts.

Chapitre II. — De la réparation de dommage causé par les aéronefs.

Art. 27. — La réparation du dommage causé par un aéronef, soit aux personnes, soit aux biens qui se trouvent à la surface, incombe au détenteur de l'aéronef, outre le droit de la personne lésée de s'adresser à celui qui est responsable d'après le droit commun.

Art. 28. — Le détenteur, tenu à la réparation du dommage causé, a un recours contre l'auteur responsable d'après le droit commun.

Art. 29. — Au cas où le dommage serait dû en tout ou en partie au fait de la personne lésée, le juge pourra prononcer l'exonération totale ou partielle du détenteur.

Art. 30. — Le détenteur peut opposer l'exception de la force majeure.

Art. 31. — Les prescriptions de l'article 27 ne sont pas applicables si, au moment de l'accident, la personne lésée ou la chose endommagée étaient transportées par l'aéronef ou encore si la personne lésée était occupée elle-même à la manœuvre de l'appareil.

Nouveaux textes à soumettre au Congrès de Monaco :

DE L'HYPOTHÈQUE ET DU NANTISSEMENT

Art. 32. — Les aéronefs sont susceptibles d'être affectés à la garantie des créances, dans les conditions suivantes :

Art. 33. — La garantie est constatée par un écrit.

Cet écrit doit être mentionné sur un carnet spécial délivré par l'autorité du lieu d'immatriculation et visé par elle comme pièce de bord.

Ces formalités remplies, la garantie est opposable aux tiers.

En outre, les mentions du carnet sont reproduites sur un registre tenu au lieu d'immatriculation de l'aéronef.

Art. 34. — Toute personne peut, sur sa simple réquisition, se faire délivrer par cette autorité copie des actes transcrits sur le registre ou un certificat qu'il n'en existe aucun.

Art. 35. — Le rang entre les bénéficiaires de la garantie est déterminé par l'ordre d'inscription sur le carnet de bord.

Art. 36. — Les aéronefs peuvent être donnés en nantissement conformément au droit commun.